DOCUMENTS

POUR SERVIR

A L'HISTOIRE DE NOS MŒURS

Cette collection, publiée par Lo-
RÉDAN LARCHEY, est exclusivement
composée de documents originaux.

Il est mis en vente quatre cents
exemplaires de chaque publication.

Dernières Publications :

NOTES D'UN AGENT

Jud. — Poncet. — La Pommeraye.

AUTOGRAPHES SÉRIEUX ET COMIQUES :

1*re* série : *Les Gastronomes*

Extraits de la
Corresp. du baron Brisse. 1 fr.

2° Série : *Les Amoureux.*

Déclarations, Rendez-vous,
Ruptures et Provocations. 1 fr. 5o

MÉMOIRES DE PIERRE LOUETTE
JARDINIER DE TALMA

1 fr.

IMPRIMÉ EN FÉVRIER 1870

PAR ÉMILE VOITELAIN ET Cie.

DOCUMENTS

POUR SERVIR A L'HISTOIRE DE NOS MŒURS

COMPTES

D'UN

BUDGET PARISIEN

TOILETTE ET MOBILIER
D'UNE ÉLÉGANTE DE 1869

A LA LIBRAIRIE

FRÉDÉRIC HENRY, AU PALAIS-ROYAL

GALERIE D'ORLÉANS, 12

Depuis un an, je cherchais sans succès les pièces qui composent cette plaquette. En apparence, il n'est rien de plus facile que de collectionner des factures. Mais je voulais faire honneur à des conditions qui me rendaient l'entreprise malaisée. Il fallait des notes récentes, autant que possible datées de la même année, et, surtout, adressées à la même personne. Sans cela, point de déduction sérieuse à tirer de mes chiffres. En cueillant à droite et à gauche, sans tenir compte de l'unité nécessaire, je trompais mes lecteurs en leur présentant un budget de convention.

La chose n'était donc pas aisée, je le répète. S'adresser à des fournisseurs, c'était courir le risque de pa-

raître l'agent d'un office d'annonces ou d'une concurrence malintentionnée. En s'adressant à la personne elle-même, on risquait d'éveiller une légitime défiance. Livrer ses comptes, n'est-ce pas ouvrir sa maison, initier le premier venu à des détails qu'un mari même ne connaît pas toujours? Il y avait là une cause de crainte, rendue plus grave encore par la perspective de la publicité qui motivait ma demande.

Je désespérais donc, au moment où les originaux des pièces ci-jointes m'ont été communiqués, grâce à un obligeant intermédiaire. Il s'est trouvé une femme assez intelligente pour comprendre le point de vue particulier et tout à fait inoffensif auquel j'entends me placer.

Ils étaient en effet bien nécessaires à notre collection, ces comptes d'un budget parisien.

Pour le présent, leurs chiffres entassés, leurs nomenclatures arides vont plus droit au but que le meilleur traité d'économie domestique. Pour l'avenir ils sont destinés à provoquer l'intérêt des gens sérieux, tout autant que les comptes de Charles le Téméraire ou ceux de la reine Isabeau. Les archéologues de l'an 2270 seront ravis d'y relever les dépenses d'une élégante du second Empire. Ils y verront qu'en six mois, ses frais de toilette et de mobilier s'élevaient sans effort (*) à une cinquantaine de mille francs.

....

(*) Je dis sans effort parce que la toilette, qui n'est elle-même qu'un chapitre du budget. n'est pas ici détaillée complétement. Il me manque encore le parfumeur, la marchande de gants, la blanchisseuse, et quelques autres fonctionnaires non moins essentiels. D'autre part, les frais du mobilier qui comptent ici pour près de moitié, comportent moins des ac-

Ils admireront la noble simplicité avec laquelle nos couturiers à la mode alignaient leurs gros chiffres, sans aucune de ces dates ni de ces indications de détail dont leurs émules féminins sont si prodigues.

... La conscience avec laquelle nos couturières glissaient deux francs de « taffetas pour le bas d'une poche, » dans le compte d'une robe de gaze revenant à 450 francs.

... L'amour insensé de nos petites maîtresses pour l'or et pour le jais ; or en pois, or en effilé, or en galon, or en tresses, ou en petits grelots ; jais en peigne, jais en perles, en bracelet, en boucle, en broche, en

....

quisitions que des restaurations et des additions nécessitées par un changement de domicile. C'est sortout à de tels déplacements qu'on peut appliquer le dicton : Trois déménagements coûtent autant qu'un incendie.

bandeau, en chaînes, en fourchette, en dormeuse, en boutons, jais en étoiles, jais en pendeloques, jais en collier de chien !

Ils se livreront à des commentaires approfondis, ces futurs archéologues, sur la dénomination et la destination d'une « chaîne forçat argentée » de deux mètres cinquante et d'une » chaîne dorée benoiton » de trois mètres.

Conduits par le tapissier-cicérone, ils sauront de quoi se composait un appartement de bon goût dans le Paris de M. Haussmann ; dès l'antichambre, ils verront qu'il nous coûtait 110 francs pour accrocher des chapeaux, et 140 francs au moins pour fourrer du bois dans un coffre ; après avoir traversé la salle à manger, ils soulèveront les portières de ce salon havane et de cette chambre à coucher où le tissu indien se marie si harmonieusement au foulard bleu, ils apprendront qu'une toilette psychée ne dispensait point d'en avoir deux autres dans un cabinet spécial. Dans le second cabinet de toilette, le nettoyage d'une tenture de cent quatre-vingt-douze mètres de perse (à raison de cent quinze francs vingt centimes) leur apprendra qu'on pouvait aimer le confort sans cesser pour cela la pratique d'une économie bien entendue. Bien d'autres remarques instructives pourront être faites aussi à l'article Divers et à d'autres qu'il messiérait de trop souligner ici.

A première vue, l'ensemble de notre budget parisien risquera de choquer ceux qui redoutent un texte trop compacte. Pour épargner des blancs, que nos lignes courtes auraient forcé de multiplier, j'ai dû supprimer les alinéas et faire composer par masses. Mais qu'on ne se laisse pas effrayer par l'amalgame;

qu'on ait la patience d'en déchiffrer
les mille détails, et je garantis à
l'observateur un ample dedommage-
ment de sa peine.

———··✳··———

COMPTES

D'UN

BUDGET PARISIEN

~~~~~~~~~~

MÉMOIRES DES FOURNISSEURS

~~~~~~~~~~

LE COUTURIER

Madame . . . . .   *Doit :*

Paris, 8 septembre 1869.

1 jupon Louis XV, 60 f. — 1 manteau alp. *(sic)* noir, 525 f. — 1 costume noir et blanc, 900 f. — 1 manteau crêpe de chine noir, 375 f. —
1 blanchissage et remontage jupe,
15 f. — 1 costume lilas et barége
blanc, 700 f. — 1 jupon et corsage

taffetas noir, 600 f. — 1 manteau cachemire noir brodé or, 825 f. — 1 costume gris et barége noir, 725 f. — 1 remontage et blanchissage jupon, 15 f. — 1 paletot barége noir, 150 f.

TOTAL. . . . . . 4,890 f.

LA COUTURIÈRE

1869, 8 juillet. Façon d'un paletot sac, sans manches, en laine grise, garni d'un galon écossais, 12 f. — Taffetas pour les poches et boutons, 4 f. — Galons écossais pour la garniture, 10 f.

ROBE GAZE NOIRE

Décembre 15. Façon et fourniture d'une robe en gaze grenadine noire, tunique relevée, un volant de dentelle au bas tout garni de bandes de velours brodé de pois d'or et effilé d'or, corsage à la vierge décolleté, manches courtes, 380 f. — Façon d'un dessous de jupe en taffetas noir, corsage décolleté, 20 f. — Crinoline, 8 f. — Mousseline et ruban pour le bas, 15 f. — Taffetas pour une poche, 2 f. — Taffetas pour le corsage, 30 f. — *Id.* 19. Tresse d'or pour la coiffure, 5 f.

ROBE DE BAL

Id. 27. Façon et fourniture d'une robe de bal tout en tulle illusion blanc, jupes de tarlatanne et jupes de tulle illusion blanc, un peplum garni d'argent et glands d'argent, corsage à la vierge, manches courtes, ceinture régente, 340 f. — Façon d'un dessous de jupe en taffetas blanc, 20 f. — Mousseline et ruban blanc pour le bas, avec taffetas pour achever la jupe, 35 f.

COSTUME VELOURS NOIR

1870, janvier 8. Façon d'un costume en velours noir, le jupon en satin pensée garni de fourrure, la jupe relevée en velours noir garni de fourrure, chemise en satin pensée boutonnée et ceinture régente, 80 f. — Florence pour doubler la chemise, 14 f. — Boutons en jais, 4 f. — Caoutchouc, 1 f. 50 c. — Crinoline au jupon, 8 f. — Taffetas pour achever l'ourlet, 10 f. — Mousseline pour le bas, 10 f. — Taffetas pour la ceinture ronde du jupon et l'ourlet pour la jupe velours noir, 12 f. — Taffetas pour les poches, 4 f. — Ceinture régente, 5 f. — *Id.* 13. Façon d'un jupon et chemise en satin gros bleu, garnis de plusieurs rangs de velours noir, 35 f. — Boutons, 3 f. — Florence pour doubler toute la chemise avec

les manches, 14 f. — Caoutchouc,
1 f. 50 c. — Crinoline, 8 f. — Taffetas pour l'ourlet et la ceinture
ronde du jupon, 12 f. — Ceinture
régente, 5 f. — Velours noir pour
garniture, 35 f.

ROBE SATIN VERT

Id. 18. Façon d'une robe en satin
vert, jupe impériale garnie de plusieurs rangs de tresse d'or remon-
tant sur le devant, corsage décolleté, manches courtes, garni d'une
draperie en pareil, ceinture régente
avec pans de satin garnis d'or et
de petits grelots, 50 f. — Taffetas pour le corsage, 10 f. — Crinoline, 8 f. — 4^m taffetas pour le
faux ourlet, 22 f. — Taffetas pour
une poche, 2 f. — Chemisette et
manches en tulle avec garniture
de tresse d'or, 100 f. — Caoutchouc
et ceinture régente, 6 f. 50 c. —

Id. 22. Façon et fourniture d'une ceinture régente en ruban de taffetas rose, 15 f. — Façon et fourniture d'une ceinture régente en ruban de taffetas bleu, 15 f.

ROBE DENTELLE BLANCHE

Février 3. Façon de toute une robe en dentelle blanche, application avec entre-deux et tulle à pois, corsage décolleté, bouillonné, manches courtes, 150 f. — Tulle à pois pour toute la robe et petite dentelle au devant du corsage, 130 f. — Engrelure et ruban avec coutures de dentelle, 40 f.— Façon et fourniture d'une ceinture longue en velours ponceau, 60 f. — Façon d'une jupe et d'un corsage décolleté en taffetas blanc, recouverte de jupes en tarlatanne et tulle illusion, 35 f. — Mousseline pour le bas, 10 f. — Taffetas pour une poche, 2 f.— Taffetas pour doubler le corsage, 10 f. — Tarlatanne et tulle pour les jupes, 90 f.

TOTAL. . . . . . . 1.898 f. 50 c.

LA CONFECTIONNEUSE

1869, novembre 21. 1 paletot gros d'Amérique noir doublé de ventre de gris, 250 f.— Réparation d'un paletot fantaisie, 10 f. — Décembre 5. 1 paletot drap velours ponceau, doublé et orné de fourrure, 450 f.— 1 châle mantille dentelle noire, 120 f. —*Id.* 12. Façons, complément de mousseline et ceintures de 6 jupons, 60 f. — 2 jupons mousseline à volants, 76 f. —2 jupons garnis de guipure, 96 f.— 4ᵐ chinchilla, 140 f.— 1 manchon chinchilla, 140 f.—*Id.* 17. 1 paletot velours bleu doublé de satin blanc, garni de chinchilla, 400 f. — 1 paletot de velours noir doublé de satin, garni de fourrure, 350 f.

TOTAL. . . . . . . 2,092 f.

LA MODISTE

1869, juin 2. 1 capeline noire, bouts mélangés, 120 f. — 1 chapeau paille grise, 80 fr. — 1 voile masque, 5 f. — *Id.* 5. 1 capeline noire géranium, 110 f. — 1 voile tulle blanc, 5 f. — Juillet 3. 1 capeline paille verte, fleurs assorties, 125 f. — 1 voile noir imitation, 15 f. — *Id.* 24. 1 capeline paille anglaise, 95 f.

TOTAL. . . . . . . 555 f.

LA LINGÈRE

Paris, 19 août 1869.

1 costume batiste écrue, 250 f. — 1 ceinture poult de soie, 40 f,— 2 petites tournures, 30 f. — 1 fichu plissé, 25 f. — 1 jupe satin blanc garnie de chambéry, 100 f. — Velours nettoyé, 40 f. — Façon de la robe, ceinture, corsage, 90 f. — 1 ceinture velours, 50 f. — Juillet 6. 1 costume fantaisie, 340 f.— 1 fichu mousseline, 25 f. — 1 fichu et manche crêpe lisse. 25 f.

TOTAL. . . . . . 1,015 f.

LE FABRICANT DE BAS

1869, septembre 5. 1 paire de bas de soie noirs brodés semés noir, 28 f. — 1 *id.*, *id.* blancs, 28 f. — 1 *id.*, *id.* blancs brodés noir, 26 f. — 1 *id.*, *id.* noirs brodés jardinière au passé, 32 f. — 1 *id.*, *id.* gris brodés noir au passé, 30 f. — 1 *id.*, *id.* violet, *id.*, *id.*, 30 f. — 1 *id.*, *id.* gris brodés semés et entourés, 30 f. — Octobre 8. 2 paires de bas de soie blancs semés de roses au passé, 60 f. — 2 *id.*, *id.*, noirs semés de pensées, 64 f. — 3 *id.*, *id.* noirs à jours, forts, 66 f. — Marque de 14 paires de bas (grandes lettres), 4 f. 75 c.

TOTAL. . . . . . 398 f. 75 c.

LE CORDONNIER

1869, janvier 3. 1 paire bottines chevreau hongroise, 10 boutons de talons, 40 f. — Janvier 5. 1 paire mules velours violet Louis XV, garni hermine, 50 f. — Avril 20. 1 paire bottines chevreau bouts brodés Louis XV, élastiques, 40 f. — Avril 28. 1 paire bottines chevreau hongroise, 10 boutons, Louis XV, 42 f. — Mai 2. 1 paire souliers chevreau Louis XV lacés, 22 f. — Juin 1er. 1 paire bottines chevreau jaune P. N. Louis XV, 45 f. — *Id.* 7. 1 paire souliers chevreau D. S. Louis XV lacés, 22 f. — Juillet 14. 1 paire bottines chevreau écossaise élastiques talons, 42 f. — Août 19. 1 paire mules maroquin rouge Louis XV, nœuds, 30 f. — Septembre 15. 1 paire bottines chevreau écossaise gros liége talons,

48 f.—*Idem*. 1 paire souliers chevreau noir Louis XV D., nœuds. — Novembre 3. 1 paire bottines chevreau hongroise, 10 boutons, gros liège, 50 f.

Total. . . . . . . 528 f. 50 c.

LE BIJOUTIER

1869, février 7. Réparé à neuf 1 bracelet boule avec grenats, 10 f. —*Id*. 24. 2 réparations à 1 chaîne sautoir mat, 6 f. — Mars, 5. Réparation d'une montre feuille et d'une chaîne sautoir, 12 f.—*Id*. 7. 1 paire boutons manches lettres or mat, 80 f. — *Id*. 9. 1 collier et boucles d'oreilles en turquoises, brillants et roses, 2,500 f. — *Id*. 16. 1 éventail peinture et or gravé, 90 f.— *Id*. 26. 1 montre et chaîne avec clé-cachet, le tout pavé de turquoises, une rose au fond montre et une épingle doubles boules avec chaînette, 850 f. — Réparation d'une montre émail vert et roses, 10 f. — Avril 5. 1 boucle de ceinture or avec turquoises, 180 f. — *Id.* 23. Pour l'échange d'une rose, pour un brillant mis à une montre, 50 f.

Total. . . . . . . 3,788 f.

LE BIJOUTIER N° 2

1867, novembre 22. 1 peigne jais draperie, 90 f. — 1 bracelet chaîne dorée, 2 tours, 28 f. — 1 broche jais draperie, 35 f. — 1 bracelet, 45 f. — 1 *idem.*, 28 f. — 1 bandeau, 80 f. — 1 fourchette écaille, 10 f. — Novembre 23. — 1 bracelet redoré, 18 f. — 1 *id.* cercle doré neuf, 38 f. — 1 chaîne jais taillée perles, rallongée, 10 f. — 1 collier *id.* ovale, 55 f.

—1 pierre épingle jais, 40 f.—1 collier riche jais aiguillettes, 100 f.— 1 chaîne jais unie rallongée, 8 f.— Décembre 9. 5 étoiles acier, 50 f. — 1 *idem*, 12 f. — 1 pierre dormeuse jais, 55 fr.—Décembre 10. 1 boucle, 25 f. — 1 agrafe acier, 40 f. — 1 boucle dorée et corail, 18 f.— 3 étoiles jais, 12 f.— 1 pierre dormeuse acier, 40 f.—1868, février 21. 1 pierre dormeuse perles, 20 f. —*Id.* 24, Fourni 1 aiguillette à 1 collier jais, 4 f. — Réparé 1 peigne jais, 2 f.—Soudé la charnière d'un peigne, 2 f. — Mars 3. 1 ceinture dorée, 25 f.—*Id.* 19. Réparé 1 peigne acier, 1 f. 50 c. — Fourni 1 poire à 1 broche jais, 1 f.—Mai 10. Réparé 1 agrafe acier, 3 f.— Août 30. 1 peigne jais réparé, 1 f. — 1 broche *id.*, fourni 2 pierres, 2 f. — 1 épingle *id.* réparée, 1 f.— 1 pierre dormeuse épis réparée, 2 f. 50 c. — 1 boucle jais carrée, 2 f.—

1 broche *id.* étoile *id.*, 2 f.— 1 bracelet *id.*, *id.*, 2 f. — 1 tour de col
lozange, 2 f. — 1 collier jais, fourni
5o perles, 25 f. — 26 boutons acier
repolis et remis à neuf, 40 f. —
1 agrafe de ceinture remise à neuf,
6 f. — 1869, janvier 10. 1 pierre
dormeuse étoiles acier, 25 f. —
1 ceinture dorée, redorée et agran-
die, 14 f.— 1 dormeuse jais, 1 pierre
et 1 feuille à fournir, 1 f. 5o c. —
1 peigne jais, 8 pierres à fournir,
5 f. — 1 étoile jais, 1 pierre à fournir, 1 f. — 1 broche *id.*, draperie à
fournir, 5o c.— 1 chaîne jais taillée
à renfiler, 2 f. — *Id.* 13. 1 boucle
acier perlé, 18 f. — *Id.* 20. 2^m 5o^c
chaîne forçat argentée, 87 f. 5o c.
— 3^m *id.* dorée benoiton, 42 f.—
Février 8. 1 pierre dormeuse épis
jais, les crochets à fournir, 5 f.—
Id. 15. 1 peigne jais, 2 pierres à
fournir, 1 f. 5o c. — 1 broche *id.*,
1 pierre, 1 f.—Mars 2. 1 collier jais

avec croix à renfiler, 2 f.—2 étoiles *id.*, fourni 1 branche et 2 crochets. 3 f. — Avril 16. 1 collier de chien à rattacher et 2 pierres à fournir, 2 f. — 1 boucle jais grandes pierres, 3 à fournir, 6 f.

TOTAL. . . . . . . 1,198 f.

LE TAPISSIER

ANTICHAMBRE

Défait et refait le bas à 2 rideaux de croisée, en reps vert, pour les mettre de mesure et refait les têtes, façon, 6 f. — Fourni pour la pose des rideaux : 1 g^{re} de poulies simples, 2 glands de tirage en chêne, 1 cordon de tirage, 2 gonds d'embrasses, 5 f.; ajustement et pose, 4 f. — Posé les rideaux de vitrages, fourni 4 pitons, 5o c. Défait et refait le bas à 2 rideaux de portières simples en reps vert pour les mettre

de mesure, défait et refait les têtes
à anneaux pour les rélargir, 6 f. —
Fourni en supplément pour les
2 portières 7 anneaux en chêne, 1 f.
75 c. — Pour la pose des 2 portières
simples, fourni pour une : 2 supports vieux chêne, fait recouper le
bâton, 2 gonds d'embrasses, 1 f.
50 c. — Ajustement et pose, 4 f. —
Fourni pour l'autre : 1 bâton chêne
plein de 120ᶜ avec charnières, 1 sup-
port à douille avec vis, 1 sup-
port chêne, 1 gond de 19, 1 pom-
me chêne, 12 f. — Ajustement et
pose, 5 f. — Une troisième portière
simple en reps à madame doublée
de percaline verte et montée sur
anneaux en chêne. Détail : 5ᵐ 30ᶜ
percaline verte, 5 f. 85 c. — 9 anneaux vieux chêne, 2 f. 25 c. — Ruban de fil pour têtes et façon, 10 f.
— Mêmes ajustements et ferrures
que la précédente, 17 f. — Avoir
garni la glace en reps vert, fourni

1ᵐ 30ᵉ reps vert, 11 fr. 70 c.; façon, 5 f. — 1 coffre à bois en chêne, ciré le dessus, garni à épaisseur et couvert en reps vert, 125 f. — Fourni et posé une serrure avec entrée de cuivre pour ledit coffre, 8 f. — 2 escabeaux en chêne, 36 f. — 1 table en chêne à moulures et à tiroirs avec dessus de drap vert, 95 f. — 1 arbre porte-chapeaux en chêne, 110 f. — Fourni et posé 2 stores peints avec chiffres entrelacés posés avec tringles et pitons, 56 f. — 1 passage en vénitienne : 21ᵐ 40ᵉ vénitienne, 58 f. 85 c. — 200 houseaux, 4 f. — Ajustement et pose, 6 f. — Avec de la moquette à madame, avoir refait un tapis : coupe, préparation et couture; ajustement et pose, 15 f. — Déposé l'espagnolette de la croisée et fourni un crochet coudé, forgé; donné du jeu aux gâches, 2 f. 50 c. — 1 tapis-brosse pour l'entrée, 20 f.

SALLE A MANGER

Défait et refait entièrement 4 rideaux pour 2 croisées, en reps violet, avec galon de laine noire sur les montants de devant et travers du bas, pour changer les reps de côté, refait les têtes à anneaux, façon, 36 f. — Fourni pour une croisée: : 2 supports vieux chêne, 2 pommes à gaudrons, 2 porte-embrasses, 1 cordon de tirage. 2 gonds d'embrasses, 12 f. — Ajustement et pose, 4 f. — Posé les rideaux de vitrages, fourni 4 tringles et 8 pîtons, 2 f. — 2 paires de rideaux de vitrages en mousseline à madame avec ourlets autour et bandes de percaline violet passées dedans, 10 f. — Pour le change : 2 paires de vitrages *idem* avec fourniture de mousseline, 28 f. — 4 embrasses en ruban de taffetas violet, 14 f. — 2 cordons de sonnette à glands en laine noire et pose desdits, 12 f. — 1 buffet étagère vîeux chêne, 310 f. — 1 servante *idem*, 52 f. — Toiles cirées chêne drapées et bordées d'un ruban de soie pour le buffet, 14 fr. — 1 tapis de table en drap violet, doublé de percaline violette, orné de galon et de frange en laine noire autour, 115 f. — Avec de la moquette à madame, avoir réajusté un tapis couvrant la pièce, fait des coutures à vif pour rallonger ledit tapis; préparation, couture et façon, ajustement et pose, 20 f. — Donné un coup de propreté à 1 buffet à 2 corps en chêne sculpté, 1 table à rallonges, 1 autre table, 8 chaises, 13 f.

SALON

Défait et refait le bas à 4 rideaux en satinette doublés et encadrés de

crête pour les mettre de mesure;
façon pour 2 croisées, 8 f. — Posé
les rideaux de vitrages aux 2 croisées, fourni 4 tringles et 8 pitons,
2 f. — Déposé 1 glace, reposé 2 gla-
ces, 5 f. — Déposé les rideaux aux
2 croisées, 2 f. — 2 croisées composées chacune de 2 rideaux en drap
havane, doublés en foulard blanc,
contre-doublés de molleton, encadrés d'un galon laine et soie noire
et cerise, plissés à têtes apparentes;
embrasses à glands, tubes, poulies,
rinceaux dorés, cordon; ajustement et pose, 750 f. — 4 grands rideaux en guipure de fil pour les
2 croisées ci-dessus; ruban pour
têtes, anneaux saumur et façon,
180 f. — 4 embrasses cablés-perlés
en coton, 14 f. — 2 paires de rideaux de vitrages *idem*, 76 f. —
2 portières en drap havane doublées en foulard, contre-doublées
en molleton, 380 f. — 2 embrasses

à glands laine et soie, 36 f. — Pour la glace du fond : Une draperie en drap *idem* avec frange, galon, cartisanes et jeux de glands ; pose, etc., 280 f. — Une draperie *idem* pour le dessus de la glace de la cheminée, 175 f. — 2 cordons de sonnette laine et soie, 24 f. — 1 planche de cheminée couverte en velours avec frange, 58 f. — 2 rideaux en drap havane doublés et contre-doublés, frange, galon, tringles, pitons et pose, 115 f. — 2 croissants vernis, 10 f. — 1 canapé pommier garni, capitonné, couvert en drap havane avec capitons en soie noire et cerise et frange laine et soie et pose, 320 f. — 2 fauteuils bébé, *id., id.,* 320 f. — Découvert 1 canapé anglais, relevé la piqure du fond et recouvert en drap, *id., id ,* 190 f. — Même travail à 2 fauteuils anglais, 190 f. — 4 chaises légères bois doré, garnies, capitonnées, couvertes en lampas fond noir avec bouffettes en soie et lézarde à soie, 380 f.— 1 tapis en moquette garnissant toute la pièce avec doublure en thibaude : 30^m moquette, thibaude; coupe, façon, ajustement et pose, 510 f. — 1 carpette à 2 lés en moquette doublée en toile verte, 78 f. — 1 foyer en moquette *idem*, 38 f. — Donné un coup de vernis à 1 piano en bois noir avec cuivres, démonté les cuivres des deux côtes et remonté lesdits, 14 f.—Ponçage, vernissage et dorure de 2 portes et de 2 espagnolettes, 28 f.

PIÈCE D'ENTRÉE

PRÉCÉDANT LA CHAMBRE A COUCHER

Une tenture en tissu indien avec encadrement de bordure, cablé et cartisanes; coupe, couture, ajustement et pose, 265 f. — Une croisée composée de 2 rideaux en tissu indien doublés de percaline blanche, contre-doublés de molleton, encadrement de bordure et ganse autour, plissés à têtes apparentes ; embrasses en cablé, tube, poulies, cordon ; ajustement, etc., 135 f. — 2 portières en tissu indien doublées en percaline bleue, etc., 270 f. — Posé une lanterne ; fourni un piton renforcé, 2 f. — 1 tapis moquette fond blanc avec thibaude garnissant la pièce ; 15^m moquette avec thibaude, coupe, façon, ajustement et pose, 250 f.

CHAMBRE A COUCHER

Une tenture en tissu indien rayé avec encadrement de bordure, voussure et plafond tendus, cablés haut et bas et dans les angles, cartisanes dans les coins et cartisanes à glands dans le bas et au plafond, porte-tentures en bois ; coupe, fa-

çon, ajustement et pose, 660 f. —
2 croisées composées chacune de
deux rideaux en tissu indien avec
encadrement de bordure et bordés
d'une ganse en laine bleue, doublés
de foulard blanc, contre-doublés
de molleton plissé, têtes apparentes; embrasses à glands, tubes,
poulies, ferrures; coupe, façon,
ajustement et pose, 580 f. —
4 grands rideaux en mousseline
unie avec bandes de guipure et
dentelle cluny, 144 f.—4 embrasses
en ruban de soie bleu avec nœuds,
30 f. — 2 paires de rideaux de vitrages *idem*, doublés en gaze bleue;
façon, tringles, pitons et pose, 96 f.
— 4 petites embrasses en ruban de
taffetas bleu, 14 f.— Posé 1 glace
entre les 2 croisées, fourni 1 gond
en fer forgé renforcé; 3ᵐ cablé
de laine bleue, 8 f. — 2 rideaux
de lit pour devanture d'alcôve en
tissu indien *id., id.*, doublés de

foulard bleu, contre-doublés de
molleton ; 3 rideaux pour l'intérieur de l'alcôve en foulard bleu,
doublés de molleton ; 1 grand
châssis à voussures garni avec
plissé et ruche en foulard bleu,
bandeau intérieur ; la devanture
de l'alcôve ornée d'une draperie en
tissu *idem* avec frange, glands et
cartisanes ; embrasses à glands,
porte-embrasses, ferrures ; ajustement et pose, 725.—Rideaux blancs
pour l'intérieur du lit avec bandes
de guipure et dentelle, 360 f. —
2 embrasses en rubans de soie
bleue, 15 f.—Fourni et posé à la porte
de l'alcôve 1 bouton de cristal,
1 f. 75 c. — Découvert 1 lit garni
capitonné et recouvert en tissu indien avec volant dans le bas, bordé
d'une frange à mèches, 130 f. —
Posé les coulisseaux du lit, 1 f. —
Découvert le sommier élastique et
recouvert ledit en coutil blanc ;

fourni 2^m 40^c coutil blanc en 160^c, 16 f. 80 c. — 2 k^{os} crin végétal en supplément; façon, 16 f. — Avoir refait 2 matelas en laine (fourni la futaine blanche) à plates-bandes bordées d'un petit ruban de soie bleue, 96 f. — 1 traversin en coutil blanc rempli avec la plume provenant de l'ancien traversin, 9 f. — 2 oreillers en coutil blanc *id.*, *id.* et fourniture de plume et supplément, 18 f. — Nettoyage de 2 couvertures de laine, 4 f. — *Idem* d'une couverture de coton, 2 f. — Nettoyage et cylindrage de 2 coutils d'oreillers et d'un traversin, 3 f. 75 c. — 1 couvre-pieds en marceline bleue, doublé en satinette, rempli de duvet et piqué avec chiffre au milieu, 200 f. — 1 couvre-pieds *id.* plus petit pour le pied du lit, 80 f. — 1 portière à 2 rideaux en tissu indien doublés en foulard bleu; embrasses à glands, porte-embrasses, ferrures, ajustement et pose, 215 f.— 1 portière pareille à celle ci-dessus, mais doublée en percaline bleue, 190 f.— 2 portières simples *id.*, *id.*, doublées en foulard bleue, 312 f. — 1 draperie pour le dessus de la glace formant 3 festons et écharpes de côté en tissu indien doublée en foulard bleu, contre-doublée en molleton, frange à mèche, glands, cartisanes, galerie enveloppée, pitons, ferrures; ajustement et pose, 125 f.— 1 planche de cheminée couverte en velours bleu avec lambrequin garni de frange; 2 rideaux de cheminée en tissu indien, doublés et contre-doublés, etc., 140 f. — 2 croissants vernis, 10 f. — 1 housse pour la planche de cheminée en basin blanc, 6 f. — 1 housse *id.* pour change, 6 f. — Fourni et posé : 2 cordons de sonnette à glands, 24 f.; 1 cordon de sonnette à bou-

les plates, 6 f. — Dégarni entièrement une chaise longue, fait
remettre le bois de mesure, l'avoir
regarnie, capitonnée, couverte en
tissu indien, avec volant dans le
bas, garni de frange, 145 f. — 2 fauteuils pompadour garnis, capiton-
nés, couverts en tissu indien, avec
volants dans le bas garnis de
frange, 300 f. — 2 chaises légères
bois noir, garnies, capitonnées, couvertes en velours bleu avec lézarde
à soie, 76 f. — 1 housse de chaise
longue en basin rayé blanc, 22 f.—
2 housses de fauteuils *idem*, 26 f.—
2 housses de chaises légères, 10 f.
— 5 housses pour rechange à celles
ci-dessus, 58 f. — 1 toilette Psyché
thuya et bois noir, 1,800 f. — 1 es-
trade bois noir contournée à re-
fants pour ladite, 60 f. — A une
table de nuit noir mat à moulures
vernies, enlevé les taches, reciré ladite, verni les moulures et nettoyé

le marbre, 4 f. — A une grande armoire à 3 corps, enlevé les taches, ciré ladite, verni les moulures, fait des collages, nettoyé les cuivres, 16 f. — 2 chiffonniers noirs à cercles de cuivres râclés entièrement, mis au noir mat et cirés, 80 f. — Mis les cuivres en couleur; dépose et repose desdits, 10 f.— 1 table *id.*, enlevé les taches, recirée, nettoyé et verni les canaux et moulures, nettoyé la dorure, 18 f. — Posé et fourni un velours bleu dessus et gauffré ledit, 12 f. — A un petit bureau Louis XVI, recollé un pied, percé et mis un tourillon, 2 f. — 1 tapis en moquette garnissant la pièce avec doublure en thibaude; 35ᵐ moquette avec thibaude, coupe, façon, ajustement et pose, 595 f.— 2 tapis de foyer en moquette doublés de toile verte, 76 f. — 1 porte-battante garnie, couverte en satin de laine grenat, 95 f. — Changé l'ouverture de la porte, retourné les feuillures, diminuée de hauteur, fourni trois tringles et une traverse, 9 f. — Fourni 3 charnières en fer, réparé la serrure, changé le chanfrein, refait les entailles, 11 f. — Déposé les 4 portières pour le travail des peintres, et reposé lesdites après le travail fait, 7 f. — Posé 1 suspension, fourni 1 tirefond contre-coudé, 3 f. — Déposé et reposé les 3 portes pour le travail des peintres, donné du jeu aux gâches, 4 f. — 2 stores extérieurs en coutil rayé avec ferrures; ajustement et pose, 76 f.

CABINET DE TOILETTE

Une tenture volante en perse à madame, plissée têtes apparentes, avec plafond plissé; coupe, préparation et couture, 30 f.; ajustement et pose, 50 f. — 1 panneau en sapin

pour le devant de la croisée con-
damnée, 14 f. — 1 glace de 192° sur
60° avec parquet, 90 f. — Fourni
pour la pose de ladite : 2 pivots à
équerres avec supports en fer, 1 lo-
queteau à pompe posés dans la
pierre de taille, 22 f. — Garni le
cadre de la glace avec de la perse à
madame, 6 f. — Pour l'ajustement
de la croisée, fourni : 1 tube, 1 gʳᵉ
poulies, 2 porte-embrasses garnis
en étoffe, 1 cordon de tirage,
2 gonds d'embrasses, 14 f.; ajustement et pose, 4 f. — Avec de la
perse à madame, avoir fait 2 embrasses doublées de percaline rouge
avec volant bordé d'un ruban de
soie, 4 f. — 1 paire de rideaux de
vitrages en mousseline à madame
avec ourlets autour et bandes de
percaline rose passées dedans et
doublée en batiste cerise, 22 f. —
2 embrasses en ruban de taffetas
rose, 7 f. — 1 paire de rideaux de

vitrages pareils à ceux ci-dessus
pour rechange, 22 f. — 1 store semblable à ceux de la chambre, 38 f.
— Pour la portière : Fourni 1 ferrure hausse de porte enveloppée de
percaline et posée avec vis, 6 f.;
2 embrasses pareilles à celles de la
croisée, 4 f. — Démonté et remonté
une grande toilette à bandes creu-
sées, repoli à neuf les marbres, 16 f.
— Avec de la perse à madame, avoir
fait 2 rideaux pour ladite toilette
avec volants dans le haut et dans
le bas, annelets et façon desdits,
10 f. — 2 rideaux *idem* pour le
ehange, 10 f. — Refait entièrement
un rideau pour une petite toilette
avec volant dans le bas et bouillonné dans le haut, bordé de chaque côté d'un ruban de soie; fourniture de ruban et façon, 12 f. —
1 miroir de toilette avec cadre en
palissandre, 20 f. — Fourni et ajusté
à la toilette, 2 porte-serviettes en

bois noir verni, 5 f. — 1 étagère à 2 plateaux en cristal avec g^{re} en soie cerise et pose de ladite avec 1 fort gond poli, 56 f. — 2 encoignures en cristal, 12 f.; pose desdits et fourniture de 4 équerres en cuivre poli, 12 f. — 1 toilette anglaise en chêne et dessus de marbre blanc avec bidet à l'intérieur et deux caissons à 4 tiroirs, 500 f. — 1 petit rideau en basin blanc pour ladite avec tringle et pitons, 8 f. — 1 g^{re} de toilette en porcelaine anglaise, 25 f. — 1 tapis en moquette garnissant la pièce avec thibaude; 12^m moquette, thibaude, coupe, façon, ajustement et pose, 120 f.

2° CABINET DE TOILETTE

Le nettoyage de 192^m perse, 115 f. 20 c. — Avec la perse nettoyée, fait une tenture plissée avec volant haut et bas bordé d'un petit ruban de soie;

fourni 68ᵐ ruban de soie, 17 f.;
ruban de fil, coupe, préparation et
façon, ajustement et pose, 5o f. —
Pour faire la séparation du cabinet
au couloir, 1 grand châssis en bois
garni en toile douce, 14 f.— 1 croisée avec volants dans le haut et
dans le bas doublée en satinette cerise, 56 f. — Fourni pour les rideaux de la croisée : 1 tube, 1 grᵉ
poulies, 2 patères garnies en étoffe,
1 cordon de tirage, 2 gonds polas,
14 f. — 2 embrasses à volants bordées d'un ruban, 4; ajustement et
pose, 4 f. — Refait 1 paire de rideaux de vitrages en mousseline à
madame, avec ourlets autour et
bandes de percaline passées dedans, doublés en batiste cerise,
22 f. — 2 embrasses en ruban de
taffetas rose, 7 f.; 2 gonds dorés
pour lesdites, 3o c. — 1 store en
coutil rayé gris et blanc semblable
à ceux de la chambre, mais avec

ferrures à compas, 48 f. — Avec la perse nettoyée, avoir fait une portière simple doublée en satinette cerise et bordée d'un ruban, 34 f. — 1 ferrure hausse de porte enveloppée de satinette et posée avec vis, 6 f.; ajustement et pose, 3 f. — 1 portière à 2 rideaux doublés en perse pareille bordés de 3 côtés, volants haut et bas, 34 f. — 2 embrasses à volants bordés d'un ruban, 2 f. 50 c.; mêmes ajustements et pose que la croisée, 18 f. — 1 portière double pour le devant de l'armoire doublée en percaline mastic bordée de trois côtés et volant dans le haut, 50 f. — 2 embrasses à volants, 2 f. 50 c. — 1 galerie en bois enveloppée de percaline, 2 pattes pour fixer ladite, 2 patères garnies en étoffe et boucles coudées, 2 tubes, 2 gonds d'embrasses, 11 f.; ajustement et pose, 4 f. — 1 marquise bois recouvert, forme gondole garnie, capitonnée, couverte en perse cretonne nettoyée, avec volant bordé haut et bas d'un ruban de soie et lézarde unie en soie, 125 f. — Découvert 2 chaises gondoles à madame, réparé la garniture du fond et recouvert en perse avec volant dans le bas, 3o f. — 1 housse de marquise en basin rayé blanc, 18 f. — 2 housses de chaises gondoles *idem*, 20 f. — 3 housses *idem* pour change, 38 f. — 1 tapis en moquette garnissant la pièce avec thibaude; 11^m 5o^e moquette, thibaude; coupe, façon, ajustement et pose, 115 f. — Posé 1 grande glace avec ferrures et fait 1 cadre en étoffe, 8 f. — 7 portechapeaux doubles en chêne clair avec ferrures à platines, 28 f. — 2 verrous de porte, en cuivre, et vis, 2 f. 5o c. — Nettoyé et ciré la devanture d'une toilette en chêne, 1 f. 5o c. — Nettoyé et ciré la devanture de 2 grandes armoires en chêne, changé les gâches et empenné les serrures à une, 14 f. — Posé 1 tapis dans les anglaises, 2 f. — Fourni et posé à la porte d'entrée 1 cordon de sonnette à boules plates en laine verte, 5 f. — 1 porte battante garnie de deux côtés couverte en serge verte avec moleskine dans le bas, 95 f.

DIVERS

Fourni et posé dans les diverses pièces de l'appartement 32^m bourrelets, acajou, chêne et blanc. 16 f. — Nettoyage et cylindrage de 2 toiles damassées provenant des matelas, 4 f. — Recollé le pied à 1 armoire et donné un coup de propreté à l'armoire et à la table de nuit, 12 f. — Donné un coup de propreté à un piano en bois noir et à une table à thé ; enlevé les taches des meubles de la salle à manger, 28 f. — *Idem, idem* sur une table bois noir ; ôté les coups à une armoire à glace *idem :* donné un coup de vernis à une armoire à glace en palissandre, 10 f. — Réparé un grand coffre ancien à bijoux marqueterie et nacre ; fourni des morceaux de nacre, recollé beaucoup d'autres, poncé et repoli entièrement, 22 f. — A un petit bureau acajou avec cuivres, réparé, nettoyé et vernis ledit, déposé les cuivres, mis au vernis et reposés, 26 f. — Fourni 1 chiffre en cuivre ciselé, entrelacé pour une armoire à glace. 16 f. — Posé 11 plaques de propreté à madame, 2 f. 75 c. — Fourni et posé dans les diverses pièces de l'appartement : plaques de propreté en cristal, 49 f. 50 c. — 1 plaque de propreté de 78° sur 12 avec encoche de gâche, 12 f. — 3 embrasses en câblé de laine bleue pour relever les portières de la

chambre à coucher pour le service,
10 f. 5o c. — Réparé un petit guéridon en palissandre, nettoyé et reverni, 10 f. — *Idem* 1 table à ou-
vrage en marqueterie et cuivres
recollé et reconsolidé les pieds, 25 f.
— Fait redorer les cuivres; déposé
et reposé lesdits, 10 f. — Recollé et
reverni un bidet en palissandre,
remis un fond et un couvercle, 15 f.
— Pour la chambre à coucher :
4 grands rideaux en mousseline
brodée unie avec volants festonnés;
2 paires de vitrages *idem* avec chiffre brodé dans le milieu; rideaux
de lit *idem* avec grand chiffre brodé
sur le fond de lit; embrasses à volants festonnés, 3o5 f. — Pour le
salon : 4 grands rideaux en grenadine brodée à étoiles; 4 embrasses
à volants *id.*, *id.*; 2 paires de vitrages *id.*, *id.*, 260 f. — 1 tenture
en sentinette bleue plissée haut et
bas pour un couloir de la chambre

au boudoir, 40 f. — 1 toile cirée cannée forte avec corde autour, 12 f. — Fourni et posé pour la cuisine, 1 toile cirée chêne de 1ᵐ 50ᶜ sur 50ᶜ, 3 f. — 1 petite tablette couverte en perse à madame avec volant bordé, 8 f.; fourni pour la pose 2 consoles en fer, 6 f. — A la croisée de l'antichambre, entre le salon et la chambre à coucher, avoir posé des panneaux de vitraux sur les vitres, 180 f. — Payé au peintre pour les réparations de peinture, 225 f. — 1 bâtis de table bois noir avec garniture de galets pour supporter une statuette, 16 f.

SALLE A MANGER

1 tapis moquette semblable à celui du salon : 30ᵐ 50ᶜ moquette thibaude; coupe, couture, ajustement et pose, 518 f. 50 c. — Découvert 8 chaises bois de chêne à fond

et dossier garnis épaisseur et recouvert en velours de soie violet,
le dossier avec chiffre brodé lézarde
à soie violet et orange. Fourni pour
une : 1^m velours de soie, 25^c marceline pour entoilage, 3^m 75^r lézarde à soie ; façon ; donné un coup
d'encaustique au bas ; pour les 8,
273 f. 60 c. — 1 miroir ovale de 60^c
sur 45^c avec cadre, tout en glace,
160 f. — Posé ledit, fourni 2 pitons,
2 gonds, 1 rosace et câblé soie cerise, 5 f. — 1 socle pour la pendule
couvert en velours ponceau fin,
16 f. — 2 socles *idem* pour candé-
labres, 20 f. — 1 têtière pour le canapé en marceline havane doublée
de percaline *idem*, 28 f. — 2 têtières
idem pour les deux fauteuils, 30 f.
— 1 bureau acajou à casier, 55 f. —
Recollé une table à jeu en chêne
et remis le bois à l'encaustique,
7 f.; fourni et posé à ladite 2 compas en cuivre, 2 f. 50 c.

ANTICHAMBRE

Déposé le tapis, 3 f.— Avec le tapis provenant de la salle à manger, réajusté un tapis pour cette pièce ; coupe, couture, ajustement et pose, 15 f. — Déposé et reposé tous les passages, 6 f.— Donné du jeu à 3 portes, 3 f. 75 c. — Posé un passage dans le couloir; fourni 8ᵐ passage aloès, 28 f.; ajustement et pose, 5 f.— 1 tapis molleton rouge pour la table de la salle à manger, 38 f. — Verni et posé dans l'antichambre 5 porte-chapeaux doubles en chêne, 20 f.— Pour la salle à manger : 1 glace ovale avec cadre garni en velours soie violet, 60 f.— Posé 1 cartel et 2 bras de lumières, 2 f. 25 c.— 1 toile cirée palissandre drapée et bordée pour 1 guéridon, 4 f. 50 c. — Fourni 2 broches et 2 chaînettes en fer à 2 persiennes

de l'appartement, 1 f. — 2 toiles
cirées acajou drapées et bordées
pour un bureau, 2 f. 5o c. — A la
porte de la chambre, arrangé le
bec-de-canne; fourni 1 filiot en
cuivre soudé, etc., 3 f. 5o c. — Payé
au fabricant de papiers peints pour
fourniture de papiers et collage
dans le salon et dans la chambre à
coucher, 362 f. — Au meuble en
ébène, déposé et réparé 6 serrures
et reposé lesdites, 5 f. 5o c. — Sur
une tablette de bureau, fourni et
collé une basane verte, 11 f. — Remis à neuf un bidet en chêne
verni, 10 f.

Total. . . . . . 19,419 f. 05 c.

LA MARCHANDE

de

LINGERIE, SOIERIES, CONFECTIONS

1869, mars. 1 blouse marron et 1 jupon, 200 f.

Avril. 1 haut de jupon en taffetas, 20 f. — 1 toilette crêpe de Chine, 650 f. — 1 paletot, 375 f. — 1 jupon taffetas pensée plissé, 180 f. — 1 arrangement corsage satin, 20 f. — Mai. 1 toilette barége noire et 1 robe bleue retournée, 200 f.

TOTAL. . . . . . . 1,645 f.

Juin. 1 toilette barége et fichu, 280 f. — 1 corsage violet, 125 f. — 1 paletot flanelle blanche, 35 f. — Arrangement robe barége noire, 35 f.

Juillet. 1 paletot duvet de cygne, 60 f. — 1 paletot crêpe de Chine, 250 f. — 1 ceinture ruban noire bleue, 150 f. — Refait 1 paletot brodé, 100 f.

Novembre. 2 jupons à quarante, 80 f. — 2 jupons à soixante, 120 f. — 1 toilette drap bleu bordée fourrure, 800 f. — 1 jupon et gilet satin gris, 440 f. — 1 jupe et paletot velours noir, dentelles à madame, 575 f. — 5^m 60^c guipures ajoutées à seize, 841 f. — 1 arrangement de jupon faye noire, 90 f. — 1 arrangement de jupon velours, 140 f. — 1 arrangement de paletot garni grèbe, 18 f. — 1 manchon velours garni guipures perlées, 40 f. — Façon jupon mastic et corsage.

TOTAL. . . . . . 3,572 f.

LE COIFFEUR

Madame . . . . .   *Doit :*

Le 15 janvier 1870 : 1 coiffure, 5 f. — 2 paquets épingles, 1 f. — 2 plumes, 16 f.

Le 15 : 1 paire de natte montée sur peigne écaille, 200 f. — 1 coiffure, 5 f. — 1 flacon extrait violette, 10 f.

Le 18 : 1 coiffure, 5 f. — 1 paire de boucles cheveux (70^c), 50 f. — 1 guirlande de roses, 20 f. — 1 pot de blanc, 20 f. — 1 paquet poudre de riz, 2 f.

Le 23 : 1 coiffure, 5 f.

Le 24 : 1 litre eau de Cologne, 15 f. — 3 savons suc de laitue, 5 f. — 1 boîte poudre pour les ongles avec polissoir, 40 f.

Le 28 : 1 coiffure, 5 f.— 1 paquet d'épingles, 5o c.

Le 3o : 1 coiffure, 5 f.

Le 31 : *Idem*, 5 f.

Le 1ᵉʳ février : 1 paire de petites boucles pour le front, 4 f. — 1 chignon à boucles, 6o f. — 1 cosmétique, 2 f. 5o c. — 1 flacon teinture blond, 20 f.—Poser la teinture, 10 f.

Le 2 : 1 coiffure, 5 f. — 1 natte cheveux blond (1ᵐ), 400 f. — 1 chignon boucles cheveux blonds (70ᵉ), 8o f.

Le 10 : 1 paquet poudre de riz, 2 f. — 1 houppe à poudre, 2 f. 5o c. — 2 paquets épingles, 1 f.

Le 15 : 1 flacon teinture blonde, 20 f. — Poser la teinture, 10 f. — 1 peigne écaille blond, 200 f. — 1 douzaine boules écaille montées sur épingle, 15o f. — 1 mois de coiffure par abonnement pour le matin, 9o f.

Total. . . . . . . 1,471 f. 5o c.

LA COUTURIÈRE N° 2

DOMINO

Février 1870. Façon d'un domino en satin noir jupe unie, corsage plissé et bouffants de tulle, moucheté, 35 f. — 2^m taffetas pour le corsage à cinq, 10 f. — Crinoline, 7 f. — 3^m 50^c taffetas pour le faux ourlet à cinq, 17 f. 50 c. — Lacet, 2 f. — Taffetas pour les poches, 4 f. — Ceinture gros grains, 3 f. — Petite dentelle autour du cou, 15 f. — Passementerie de jais et câblé, 20 f. — Tulle moucheté et entre-deux pour le bas des manches, 25 f. — Façon de la pelisse, 35 f. — Florence noire pour la doubler, 35 f. — Taffetas pour les poches, 4 f.

Total. . . . . . . 212 f. 50 c.

UN CONTRASTE

Les amateurs de contrastes économiques seront aises de me voir terminer par la pièce ci-jointe, — une des plus curieuses qui soient dans ma collection. C'est un souhait de fête entre deux amies ; il n'a pas été copié dans le SECRÉTAIRE FRANÇAIS, mais il n'en est pas moins touchant.

J'avoue que l'emploi précis des « trois sous pour les boucles d'oreilles » m'a vivement intrigué. Ce ne peut être qu'une pourboire.

Cette pièce est une feuille simple pliée en forme de lettre et adressée à Mademoiselle Ernestine R......, rue Busy, 34.

Doit Mlle Ernestine a Mlle Honorine

La somme de 14 f. 20 c., arjant
pretez pour ces besoins. 14 f. 20 c.
En plus 1 litre de vin.   » 50 »
Et puis 3 sous pour
ces boucle doreille...   15

Total...... 14 f. 85 c.

Je donne à Ernestine pour sa
fête la somme de 14 francs 85 centimes quel me doit.

Honorine.

Je tant vois en même temps
Mille baisez.

Paris, le 25 août 1852.

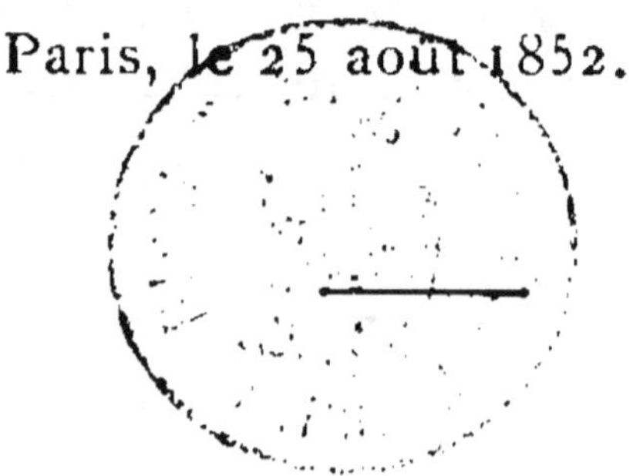